D0976388

CAHIER D'UN RETOUR
AU PAYS NATAL

ISBN 2-7087-0420-6

AIMÉ CÉSAIRE

Cahier d'un retour au pays natal

PRÉSENCE AFRICAINE
25 bis, rue des Ecoles, 75005 Paris
64, rue Carnot, Dakar

Au bout du petit matin...

Va-t-en, lui disais-je, gueule de flic, gueule de vache, va-t-en je déteste les larbins de l'ordre et les hannetons de l'espérance. Va-t-en mauvais gris-gris, punaise de moinillon. Puis je me tournais vers des paradis pour lui et les siens perdus, plus calme que la face d'une femme qui ment, et là, bercé par les effluves d'une pensée jamais lasse je nourrissais le vent, je délaçais les monstres et j'entendais monter de l'autre côté du désastre, un fleuve de tourterelles et de trèfles de la savane que je porte toujours dans mes profondeurs à hauteur inverse du vingtième étage des maisons les plus insolentes et par précaution contre la force putréfiante des ambiances crépusculaires, arpentée nuit et jour d'un sacré soleil vénérien.

Au bout du petit matin bourgeonnant d'anses frêles les Antilles qui ont faim, les Antilles grêlées de petite vérole, les Antilles dynamitées d'alcool, échouées dans le boue de cette baie, dans la poussière de cette ville sinistrement échouées.

Au bout du petit matin, l'extrême, trompeuse désolée eschare sur la blessure des eaux ; les martyrs qui ne témoignent pas ; les fleurs du sang qui se fanent et s'éparpillent dans le vent inutile comme des cris de perroquets babillards ; une vieille vie menteusement souriante, ses lèvres ouvertes d'angoisses désaffectées ; une vieille misère pourrissant sous le soleil, silencieusement ; un vieux silence crevant de pustules tièdes,
l'affreuse inanité de notre raison d'être.

Au bout du petit matin, sur cette plus fragile épaisseur de terre que dépasse de façon humiliante son grandiose avenir — les volcans éclateront, l'eau nue emportera les taches mûres du soleil et il ne restera plus qu'un bouillonnement tiède picoré d'oiseaux marins — la plage des songes et l'insensé réveil.

Au bout du petit matin, cette ville plate — étalée, trébuchée de son bon sens, inerte, essoufflée sous son fardeau géométrique de croix éternellement recommençante, indocile à son sort, muette, contrariée de toutes façons, incapable de croître selon le suc de cette terre, embarrassée, rognée, réduite, en rupture de faune et de flore.

Au bout du petit matin, cette ville plate — étalée...

Et dans cette ville inerte, cette foule criarde si étonnamment passée à côté de son cri comme cette ville à côté de son mouvement, de son sens, sans inquiétude, à côté de son vrai cri, le seul qu'on eût voulu l'entendre crier parce qu'on le sent sien lui seul ; parce qu'on le sent habiter en elle dans quelque refuge profond d'ombre et d'orgueil, dans cette ville inerte, cette foule à côté de son cri de faim, de misère, de révolte, de haine, cette foule si étrangement bavarde et muette.

Dans cette ville inerte, cette étrange foule qui ne s'entasse pas, ne se mêle pas : habile à découvrir le point de désencastration, de fuite, d'esquive. Cette foule qui ne sait pas faire foule, cette foule, on s'en rend compte, si parfaitement seule sous ce soleil, à la façon dont une femme, toute on eût cru à sa cadence lyrique, interpelle brusquement une pluie hypothétique et lui intime l'ordre de ne pas tomber ; ou à un signe rapide de croix sans mobile visible ; ou à l'animalité subitement grave d'une paysanne, urinant debout, les jambes écartées, roides.

Dans cette ville inerte, cette foule désolée sous le soleil, ne participant à rien de ce qui s'exprime, s'affirme, se libère au grand jour de cette terre sienne. Ni à l'impératrice Joséphine des Français rêvant très haut au-dessus de la négraille. Ni au libérateur figé dans sa libération de pierre blanchie. Ni au conquistador. Ni à ce mépris, ni à cette liberté, ni à cette audace.

Au bout du petit matin, cette ville inerte et ses au-delà de lèpres, de consomption, de famines, de peurs tapies dans les ravins, de peurs juchées dans les arbres, de peurs creusées dans le sol, de peurs en dérive dans le ciel, de peurs amoncelées et ses fumerolles d'angoisse.

Au bout du petit matin, le morne oublié, oublieux de sauter.

Au bout du petit matin, le morne au sabot inquiet et docile — son sang impaludé met en déroute le soleil de ses pouls surchauffés.

10

Au bout du petit matin, l'incendie contenu du morne, comme un sanglot que l'on a bâillonné au bord de son éclatement sanguinaire, en quête d'une ignition qui se dérobe et se méconnaît.

Au bout du petit matin, le morne accroupi devant la boulimie aux aguets de foudres et de moulins, lentement vomissant ses fatigues d'hommes, le morne seul et son sang répandu, le morne et ses pansements d'ombre, le morne et ses rigoles de peur, le morne et ses grandes mains de vent.

Au bout du petit matin, le morne famélique et nul ne sait mieux que ce morne bâtard pourquoi le suicidé s'est étouffé avec complicité de son hypoglosse en retournant sa langue pour l'avaler ; pourquoi une femme semble faire la planche à la rivière Capot (son corps lumineusement obscur s'organise docilement au commandement du nombril) mais elle n'est qu'un paquet d'eau sonore.

Et ni l'instituteur dans sa classe, ni le prêtre au catéchisme ne pourront tirer un mot de ce négrillon somnolent, malgré leur manière si énergique à tous deux de tambouriner son crâne tondu, car c'est dans les marais de la faim que s'est enlisée sa voix d'inanition (un-mot-un-seul-mot et je-vous-en-

tiens - quitte-de- la - reine-Blanche-de-Castille, un-
mot-un-seul-mot, voyez - vous - ce - petit - sauvage-
qui-ne-sait-pas-un- seul -des-dix - commandements-
de-Dieu)
   car sa voix s'oublie dans les marais de la faim,
   et il n'y a rien, rien à tirer vraiment de ce petit
   vaurien,
   qu'une faim qui ne sait plus grimper aux agrès de
   sa voix
   une faim lourde et veule,
   une faim ensevelie au plus profond de la Faim de
   ce morne famélique

Au bout du petit matin, l'échouage hétéroclite, les
puanteurs exacerbées de la corruption, les sodomies
monstrueuses de l'hostie et du victimaire, les coltis
infranchissables du préjugé et de la sottise, les
prostitutions, les hypocrisies, les lubricités, les
trahisons, les mensonges, les faux, les concussions —
l'essoufflement des lâchetés insuffisantes, l'enthou-
siasme sans ahan aux pouss. s surnuméraires, les
avidités, les hystéries, les perversions, les arlequi-
nades de la misère, les estropiements, les prurits, les
urticaires, les hamacs tièdes de la dégénérescence. Ici
la parade des risibles et scrofuleux bubons, les
poutures de microbes très étranges, les poisons sans
alexitère connu, les sanies de plaies bien antiques, les

fermentations imprévisibles d'espèces putrescibles.

Au bout du petit matin, la grande nuit immobile,
les étoiles plus mortes qu'un balafon crevé,

le bulbe tératique de la nuit, germé de nos
bassesses et de nos renoncements.

Et nos gestes imbéciles et fous pour faire revivre
l'éclaboussement d'or des instants favorisés, le
cordon ombilical restitué à sa splendeur fragile, le
pain, et le vin de la complicité, le pain, le vin, le sang
des épousailles véridiques.

Et cette joie ancienne m'apportant la connaissance
de ma présente misère, une route bossuée qui pique
une tête dans un creux où elle éparpille quelques
cases ; une route infatigable qui charge à fond de
train un morne en haut duquel elle s'enlise brutale-
ment dans une mare de maisons pataudes, une route
follement montante, témérairement descendante, et
la carcasse de bois comiquement juchée sur de
minuscules pattes de ciment que j'appelle « notre
maison », sa coiffure de tôle ondulant au soleil
comme une peau qui sèche, la salle à manger, le
plancher grossier où luisent des têtes de clous, les
solives de sapin et d'ombre qui courent au plafond,

les chaises de paille fantomales, la lumière grise de la lampe, celle vernissée et rapide des cancrelats qui bourdonne à faire mal...

Au bout du petit matin, ce plus essentiel pays restitué à ma gourmandise, non de diffuse tendresse, mais la tourmentée concentration sensuelle du gras téton des mornes avec l'accidentel palmier comme son germe durci, la jouissance saccadée des torrents et depuis Trinité jusqu'à Grand-Rivière, la grand'lèche hystérique de la mer.

Et le temps passait vite, très vite.

Passés août où les manguiers pavoisent de toutes leurs lunules, septembre l'accoucheur de cyclones, octobre le flambeur de cannes, novembre qui ronronne aux distilleries, c'était Noël qui commençait.

Il s'était annoncé d'abord Noël par un picotement de désirs, une soif de tendresses neuves, un bourgeonnement de rêves imprécis, puis il s'était envolé tout à coup dans le froufrou violet de ses grandes ailes de joie, et alors c'était parmi le bourg sa vertigineuse retombée qui éclatait la vie des cases comme une grenade trop mûre.

Noël n'était pas comme toutes les fêtes. Il n'aimait pas à courir les rues, à danser sur les places publiques, à s'installer sur les chevaux de bois, à profiter de la cohue pour pincer les femmes, à lancer des feux d'artifice au front des tamariniers. Il avait l'agoraphobie, Noël. Ce qu'il lui fallait c'était toute une journée d'affairement, d'apprêts, de cuisinages, de nettoyages, d'inquiétudes, de-peur-que-ça-ne-suffise-pas, de-peur-que-ça-ne-manque, de-peur-qu'on-ne-s'embête, puis le soir une petite église pas intimidante, qui se laissât emplir bienveillamment par les rires, les chuchotis, les confidences, les déclarations amoureuses, les médisances et la cacophonie gutturale d'un chantre bien d'attaque et aussi de gais copains et de franches luronnes et des cases aux entrailles riches en succulences, et pas regardantes, et l'on s'y parque une vingtaine, et la rue est déserte, et le bourg n'est plus qu'un bouquet de chants, et l'on est bien à l'intérieur, et l'on en mange du bon, et l'on en boit du réjouissant et il y a du boudin, celui étroit de deux doigts qui s'enroule en volubile, celui large et trapu, le bénin à goût de serpolet, le violent à incandescence pimentée, et du café brûlant et de l'anis sucré et du punch au lait, et le soleil liquide des rhums, et toutes sortes de bonnes choses qui vous imposent autoritairement les muqueuses ou vous les distillent en ravissements, ou vous les tissent de fragrances, et

15

l'on rit, et l'on chante, et les refrains fusent à perte de vue comme des cocotiers :

Alleluia
Kyrie eleison... leison... leison,
Christe eleison... leison... leison.

Et ce ne sont pas seulement les bouches qui chantent, mais les mains, mais les pieds, mais les fesses, mais les sexes, et la créature tout entière qui se liquéfie en sons, voix et rythme.

Arrivée au sommet de son ascension, la joie crève comme un nuage. Les chants ne s'arrêtent pas, mais ils roulent maintenant inquiets et lourds par les vallées de la peur, les tunnels de l'angoisse et les feux de l'enfer.

Et chacun se met à tirer par la queue le diable le plus proche, jusqu'à ce que la peur s'abolisse insensiblement dans les fines sablures du rêve, et l'on vit comme dans un rêve véritablement, et l'on boit et l'on crie et l'on chante comme dans un rêve, et l'on somnole aussi comme dans un rêve avec des paupières en pétales de rose, et le jour vient velouté comme une sapotille, et l'odeur de purin des cacaoyers, et les dindons qui égrènent leurs pustules rouges au soleil, et l'obsession des cloches, et la pluie,

les cloches... la pluie...
qui tintent, tintent, tintent...

Au bout du petit matin, cette ville plate —
étalée...
Elle rampe sur les mains sans jamais aucune envie
de vriller le ciel d'une stature de protestation. Les
dos des maisons ont peur du ciel truffé de feu, leurs
pieds des noyades du sol, elles ont opté de se poser
superficielles entre les surprises et les perfidies. Et
pourtant elle avance la ville. Même qu'elle paît tous
les jours plus outre sa marée de corridors carrelés de
persiennes pudibondes, de cours gluantes, de pein-
tures qui dégoulinent. Et de petits scandales étouffés,
de petites hontes tues, de petites haines immenses
pétrissent en bosses et creux les rues étroites où le
ruisseau grimace longitudinalement parmi l'étron...

Au bout du petit matin, la vie prostrée, on ne
sait où dépêcher ses rêves avortés, le fleuve de vie
désespérément torpide dans son lit, sans turgescence
ni dépression, incertain de fluer, lamentablement
vide, la lourde impartialité de l'ennui, répartissant
l'ombre sur toutes choses égales, l'air stagnant sans
une trouée d'oiseau clair.

Au bout du petit matin, une autre petite maison

17

qui sent très mauvais dans une rue très étroite, une maison minuscule qui abrite en ses entrailles de bois pourri des dizaines de rats et la turbulence de mes six frères et sœurs, une petite maison cruelle dont l'intransigeance affole nos fins de mois et mon père fantasque grignoté d'une seule misère, je n'ai jamais su laquelle, qu'une imprévisible sorcellerie assoupit en mélancolique tendresse ou exalte en hautes flammes de colère ; et ma mère dont les jambes pour notre faim inlassable pédalent, pédalent de jour, de nuit, je suis même réveillé la nuit par ces jambes inlassables qui pédalent la nuit et la morsure âpre dans la chair molle de la nuit d'une Singer que ma mère pédale, pédale pour notre faim et de jour et de nuit.

Au bout du petit matin, au-delà de mon père, de ma mère, la case gerçant d'ampoules, comme un pêcher tourmenté de la cloque, et le toit aminci, rapiécé de morceaux de bidon de pétrole, et ça fait des marais de rouillure dans la pâte grise sordide empuantie de la paille, et quand le vent siffle, ces disparates font bizarre le bruit, comme un crépite-ment de friture d'abord, puis comme un tison que l'on plonge dans l'eau avec la fumée des brindilles qui s'envole... Et le lit de planches d'où s'est levée ma race, tout entière ma race de ce lit de planches, avec ses pattes de caisses de Kérosine, comme s'il avait l'éléphantiasis le lit, et sa peau de cabri, et ses feuilles de banane séchées, et ses haillons, une nostalgie de matelas le lit de ma grand-mère (au-dessus du lit, dans un pot plein d'huile un lumignon dont la flamme danse comme un gros ravet... sur le pot en lettres d'or : MERCI).

Et une honte, cette rue Paille,

un appendice dégoûtant comme les parties honteuses du bourg qui étend à droite et à gauche, tout au long de la route coloniale, la houle grise de ses toits d'essentes. Ici il n'y a que des toits de paille que l'embrun a brunis et que le vent épile.

Tout le monde la méprise la rue Paille. C'est là que la jeunesse du bourg se débauche. C'est là surtout que la mer déverse ses immondices, ses chats morts et ses chiens crevés. Car la rue débouche sur la plage, et la plage ne suffit pas à la rage écumante de la mer. Une détresse cette plage elle aussi, avec ses tas d'ordures pourrissant, ses croupes furtives qui se soulagent, et le sable est noir, funèbre, on n'a jamais vu un sable si noir, et l'écume glisse dessus en glapissant, et la mer la frappe à grands coups de boxe, ou plutôt la mer est un gros chien qui lèche et mord la plage aux jarrets, et à force de la mordre elle

finira par la dévorer, bien sûr, la plage et la rue Paille
avec.

Au bout du petit matin, le vent de jadis qui s'élève,
des fidélités trahies, du devoir incertain qui se dérobe
et cet autre petit matin d'Europe...

Partir.
Comme il y a des hommes-hyènes et des hommes-
panthères, je serais un homme-juif
un homme-cafre
un homme-hindou-de-Calcutta
un homme-de-Harlem-qui-ne-vote-pas

l'homme-famine, l'homme-insulte, l'homme-torture
on pouvait à n'importe quel moment le saisir le rouer
de coups, le tuer — parfaitement le tuer — sans avoir
de compte à rendre à personne sans avoir d'excuses à
présenter à personne
un homme-juif
un homme-pogrom
un chiot
un mendigot

mais est-ce qu'on tue le Remords, beau comme la
face de stupeur d'une dame anglaise qui trouverait
dans sa soupière un crâne de Hottentot ?

Je retrouverais le secret des grandes communications et des grandes combustions. Je dirais orage. Je dirais fleuve. Je dirais tornade. Je dirais feuille. Je dirais arbre. Je serais mouillé de toutes les pluies, humecté de toutes les rosées. Je roulerais comme du sang frénétique sur le courant lent de l'œil des mots en chevaux fous en enfants frais en caillots en couvre-feu en vestiges de temple en pierres précieuses assez loin pour décourager les mineurs. Qui ne me comprendrait pas ne comprendrait pas davantage le rugissement du tigre.

Et vous fantômes montez bleus de chimie d'une forêt de bêtes traquées de machines tordues d'un jujubier de chairs pourries d'un panier d'huîtres d'yeux d'un lacis de lanières découpées dans le beau sisal d'une peau d'homme j'aurais des mots assez vastes pour vous contenir et toi terre tendue terre saoule
terre grand sexe levé vers le soleil
terre grand délire de la mentule de Dieu
terre sauvage montée des resserres de la mer avec dans la bouche une touffe de cécropies
terre dont je ne puis comparer la face houleuse qu'à la forêt vierge et folle que je souhaiterais pouvoir en guise de visage montrer aux yeux indéchiffreurs des hommes
il me suffirait d'une gorgée de ton lait jiculi pour

qu'en toi je découvre toujours à même distance de mirage — mille fois plus natale et dorée d'un soleil que n'entame nul prisme — la terre où tout est libre et fraternel, ma terre

Partir. Mon cœur bruissait de générosités emphatiques. Partir... j'arriverais lisse et jeune dans ce pays mien et je dirais à ce pays dont le limon entre dans la composition de ma chair : « J'ai longtemps erré et je reviens vers la hideur désertée de vos plaies ».

Je viendrais à ce pays mien et je lui dirais : « Embrassez-moi sans crainte... Et si je ne sais que parler, c'est pour vous que je parlerai ».

Et je lui dirais encore :
« Ma bouche sera la bouche des malheurs qui n'ont point de bouche, ma voix, la liberté de celles qui s'affaissent au cachot du désespoir. »
Et venant je me dirais à moi-même :
« Et surtout mon corps aussi bien que mon âme, gardez-vous de vous croiser les bras en l'attitude stérile du spectateur, car la vie n'est pas un spectacle, car une mer de douleurs n'est pas un proscenium, car un homme qui crie n'est pas un ours qui danse... »

Et voici que je suis venu !
De nouveau cette vie clopinante devant moi, non

pas cette vie, cette mort, cette mort sans sens ni
piété, cette mort où la grandeur piteusement échoue,
l'éclatante petitesse de cette mort, cette mort qui
clopine de petitesses en petitesses ; ces pelletées de
petites avidités sur le conquistador ; ces pelletées de
petits larbins sur le grand sauvage, ces pelletées de
petites âmes sur le Caraïbe aux trois âmes,
et toutes ces morts futiles
absurdités sous l'éclaboussement de ma conscience
ouverte
tragiques futilités éclairées de cette seule noctiluque
et moi seul, brusque scène de ce petit matin
où fait le beau l'apocalypse des monstres puis,
chavirée, se tait
chaude élection de cendres, de ruines et d'affaisse-
ments

— Encore une objection ! une seule, mais de grâce
une seule : je n'ai pas le droit de calculer la vie à mon
empan fuligineux ; de me réduire à ce petit rien
ellipsoïdal qui tremble à quatre doigts au-dessus de la
ligne, moi homme, d'ainsi bouleverser la création,
que je me comprenne entre latitude et longitude !

Au bout du petit matin,
la mâle soif et l'entêté désir,
me voici divisé des oasis fraîches de la fraternité

ce rien pudique frise d'échardes dures
cet horizon trop sûr tressaille comme un geôlier.

Ton dernier triomphe, corbeau tenace de la
Trahison.

Ce qui est à moi, ces quelques milliers de
mortiférés qui tournent en rond dans la calebasse
d'une île et ce qui est à moi aussi, l'archipel arqué
comme le désir inquiet de se nier, on dirait une
anxiété maternelle pour protéger la ténuité plus
délicate qui sépare l'une de l'autre Amérique ; et ses
flancs qui secrètent pour l'Europe la bonne liqueur
d'un Gulf Stream, et l'un des deux versants d'incan-
descence entre quoi l'Equateur funambule vers
l'Afrique. Et mon île non-clôture, sa claire audace
debout à l'arrière de cette polynésie, devant elle, la
Guadeloupe fendue en deux de sa raie dorsale et de
même misère que nous, Haïti où la négritude se mit
debout pour la première fois et dit qu'elle croyait à
son humanité et la comique petite queue de la Floride
où d'un nègre s'achève la strangulation, et l'Afrique
gigantesquement chenillant jusqu'au pied hispanique
de l'Europe, sa nudité où la Mort fauche à larges
andains.

Et je me dis Bordeaux et Nantes et Liverpool et
New York et San Francisco

24

pas un bout de ce monde qui ne porte mon empreinte
digitale
et mon calcanéum sur le dos des gratte-ciel et ma
crasse
dans le scintillement des gemmes !
Qui peut se vanter d'avoir mieux que moi ?
Virginie. Tennessee. Géorgie. Alabama
Putréfactions monstrueuses de révoltes
inopérantes,
marais de sang putrides
trompettes absurdement bouchées
Terres rouges, terres sanguines, terres consanguines.

Ce qui est à moi aussi : une petite cellule dans le
Jura,
une petite cellule, la neige la double de barreaux
blancs
la neige est un geôlier blanc qui monte la garde
devant une prison

Ce qui est à moi
c'est un homme seul emprisonné de blanc
c'est un homme seul qui défie les cris blancs de la
mort blanche
(TOUSSAINT, TOUSSAINT LOUVERTURE)
c'est un homme seul qui fascine l'épervier blanc de la
mort blanche

c'est un homme seul dans la mer inféconde de sable
blanc
c'est un moricaud vieux dressé contre les eaux du ciel
La mort décrit un cercle brillant au-dessus de cet
homme
la mort étoile doucement au-dessus de sa tête
la mort souffle, folle, dans la cannaie mûre de ses
bras
la mort galope dans la prison comme un cheval blanc
la mort luit dans l'ombre comme des yeux de chat
la mort hoquette comme l'eau sous les Cayes
la mort est un oiseau blessé
la mort décroît
la mort vacille
la mort est un patyura ombrageux
la mort expire dans une blanche mare de silence.

Gonflements de nuit aux quatre coins de ce petit
matin
soubresauts de mort figée
destin tenace
cris debout de terre muette
la splendeur de ce sang n'éclatera-t-elle point ?

Au bout du petit matin ces pays sans stèle, ces
chemins sans mémoire, ces vents sans tablette.
Qu'importe ?

Nous dirions. Chanterions. Hurlerions.
Voix pleine, voix large, tu serais notre bien, notre
pointe en avant.

Des mots ?
Ah oui, des mots !
Raison, je te sacre vent du soir.
Bouche de l'ordre ton nom ?
Il m'est corolle du fouet.
Beauté je t'appelle pétition de la pierre.
Mais ah ! la rauque contrebande
de mon rire
Ah ! mon trésor de salpêtre !
Parce que nous vous haïssons vous et votre raison,
nous nous réclamons de la démence précoce de la
folie flambante du cannibalisme tenace

Trésor, comptons :
la folie qui se souvient
la folie qui hurle
la folie qui voit
la folie qui se déchaîne

Et vous savez le reste

Que 2 et 2 font 5
que la forêt miaule

que l'arbre tire les marrons du feu
que le ciel se lisse la barbe
et caetera et caetera...

Qui et quels nous sommes ? Admirable question !

A force de regarder les arbres je suis devenu un arbre
et mes longs pieds d'arbre ont creusé dans le sol de
larges sacs à venin de hautes villes d'ossements
à force de penser au Congo
je suis devenu un Congo bruissant de forêts et de
fleuves
où le fouet claque comme un grand étendard
l'étendard du prophète
où l'eau fait
likouala-likouala
où l'éclair de la colère lance sa hache verdâtre et force
les sangliers de la putréfaction dans la belle orée
violente des narines.

Au bout du petit matin le soleil qui toussotte et
crache ses poumons

Au bout du petit matin
un petit train de sable
un petit train de mousseline
un petit train de grains de maïs

Au bout du petit matin
un grand galop de pollen
un grand galop d'un petit train de petites filles
un grand galop de colibris
un grand galop de dagues pour défoncer la poitrine
de la terre

douaniers anges qui montez aux portes de l'écume la
garde des prohibitions

je déclare mes crimes et qu'il n'y a rien à dire pour
ma défense.
Danses. Idoles. Relaps. Moi aussi

J'ai assassiné Dieu de ma paresse de mes paroles de
mes gestes de mes chansons obscènes

J'ai porté des plumes de perroquet des dépouilles de
chat musqué
J'ai lassé la patience des missionnaires
insulté les bienfaiteurs de l'humanité.
Défié Tyr. Défié Sidon.
Adoré le Zambèze.
L'étendue de ma perversité me confond !

Mais pourquoi brousse impénétrable encore cacher
le vif zéro de ma mendicité et par un souci de

noblesse apprise ne pas entonner l'horrible bond de
ma laideur pahouine ?

voum rooh oh
voum rooh oh
à charmer les serpents à conjurer les morts
voum rooh oh
à contraindre la pluie à contrarier les raz de marée
voum rooh oh
à empêcher que ne tourne l'ombre
voum rooh oh
que mes cieux à moi s'ouvrent

— moi sur une route, enfant, mâchant une racine de
canne à sucre
— traîné homme sur une route sanglante une corde
au cou
— debout au milieu d'un cirque immense, sur mon
front noir une couronne de daturas

voum rooh
s'envoler
plus haut que le frisson plus haut que les sorcières
vers d'autres étoiles exaltation féroce de forêts et de
montagnes déracinées à l'heure où nul n'y pense
les îles liées pour mille ans !

voum rooh oh
pour que revienne le temps de promission
et l'oiseau qui savait mon nom
et la femme qui avait mille noms
de fontaine de soleil et de pleurs
et ses cheveux d'alevin
et ses pas mes climats
et ses yeux mes saisons
et les jours sans nuisance
et les nuits sans offense
et les étoiles de confidence
et le vent de connivence

Mais qui tourne ma voix ? qui écorche ma voix ? Me
fourrant dans la gorge mille crocs de bambou. Mille
pieux d'oursin. C'est toi sale bout de monde. Sale
bout de petit matin. C'est toi sale haine. C'est toi
poids de l'insulte et cent ans de coups de fouet. C'est
toi cent ans de ma patience, cent ans de mes soins
juste à ne pas mourir.
rooh oh

nous chantons les fleurs vénéneuses éclatant dans des
prairies furibondes ; les ciels d'amour coupés d'em-
bolie ; les matins épileptiques ; le blanc embrasement
des sables abyssaux, les descentes d'épaves dans les
nuits foudroyées d'odeurs fauves.

Qu'y puis-je ?

Il faut bien commencer.

Commencer quoi ?

La seule chose au monde qu'il vaille la peine de commencer :

La Fin du monde parbleu.

Tourte
ô tourte de l'effroyable automne
où poussent l'acier neuf et le béton vivace
tourte ô tourte
où l'air se rouille en grandes plaques
d'allégresse mauvaise
où l'eau sanieuse balafre les grandes joues solaires
je vous hais

on voit encore des madras aux reins des femmes des
anneaux à leurs oreilles des sourires à leurs bouches
des enfants à leurs mamelles et j'en passe :
ASSEZ DE CE SCANDALE !

Alors voilà le grand défi et l'impulsion

sataniques et l'insolente
dérive nostalgique de lunes rousses,
de feux verts, de fièvres jaunes !

En vain dans la tiédeur de votre gorge mûrissez-vous
vingt fois la même pauvre consolation que nous
sommes des marmonneurs de mots

Des mots ? quand nous manions des quartiers de
monde, quand nous épousons des continents en
délire, quand nous forçons de fumantes portes, des
mots, ah oui, des mots ! mais des mots de sang frais,
des mots qui sont des raz-de-marée et des érésipèles
et des paludismes et des laves et des feux de brousse,
et des flambées de chair, et des flambées de villes...

Sachez-le bien :
je ne joue jamais si ce n'est à l'an mil
je ne joue jamais si ce n'est à la Grande Peur

Accommodez-vous de moi. Je ne m'accommode pas
de vous !

Parfois on me voit d'un grand geste du cerveau,
happer un nuage trop rouge
ou une caresse de pluie, ou un prélude du vent,
ne vous tranquillisez pas outre mesure :

Je force la membrane vitelline qui me sépare de
moi-même,

Je force les grandes eaux qui me ceinturent de sang

C'est moi rien que moi qui arrête ma place sur le
dernier train de la dernière vague du dernier
raz-de-marée

C'est moi rien que moi
qui prends langue avec la dernière angoisse
C'est moi oh, rien que moi
qui m'assure au chalumeau
les premières gouttes de lait virginal !

Et maintenant un dernier zut :
au soleil (il ne suffit pas à soûler ma tête trop forte)
à la nuit farineuse avec les pondaisons d'or des
lucioles incertaines
à la chevelure qui tremble tout au haut de la falaise
le vent y saute en inconstantes cavaleries salées
je lis bien à mon pouls que l'exotisme n'est pas
provende pour moi

Au sortir de l'Europe toute révulsée de cris
les courants silencieux de la désespérance
au sortir de l'Europe peureuse qui se reprend et fière

se surestime
je veux cet égoïsme beau
et qui s'aventure
et mon labour me remémore d'une implacable
étrave.

Que de sang dans ma mémoire ! Dans ma mémoire
sont des lagunes. Elles sont couvertes de têtes de
morts. Elles ne sont pas couvertes de nénuphars.
Dans ma mémoire sont des lagunes. Sur leurs rives
ne sont pas étendus des pagnes de femmes.
Ma mémoire est entourée de sang. Ma mémoire
a sa ceinture de cadavres !
et mitraille de barils de rhum génialement arrosant
nos révoltes ignobles, pâmoisons d'yeux doux
d'avoir lampé la liberté féroce

(les nègres-sont-tous-les-mêmes, je-vous-le-dis
les vices-tous-les-vices, c'est-moi-qui-vous-le-dis
l'odeur-du-nègre, ça-fait-pousser-la-canne
rappelez-vous-le-vieux-dicton :
battre-un-nègre, c'est le nourrir)

autour des rocking-chairs méditant la volupté
des rigoises
je tourne, inapaisée pouliche

Ou bien tout simplement comme on nous aime !
Obscènes gaiement, très doudous de jazz sur leur
excès d'ennui.
Je sais le tracking, le Lindy-hop et les claquettes.
Pour les bonnes bouches la sourdine de nos plaintes
enrobées de oua-oua. Attendez...
Tout est dans l'ordre. Mon bon ange broute du
néon. J'avale des baguettes. Ma dignité se vautre
dans les dégobillements...

Soleil, Ange Soleil, Ange frisé du Soleil
pour un bond par delà la nage verdâtre et
douce des eaux de l'abjection !

Mais je me suis adressé au mauvais sorcier. Sur
cette terre exorcisée, larguée à la dérive de sa
précieuse intention maléfique, cette voix qui crie,
lentement enrouée, vainement, vainement enrouée,

et il n'y a que les fientes accumulées de nos
mensonges — et qui ne répondent pas.

Quelle folie le merveilleux entrechat par moi rêvé
au-dessus de la bassesse !
Parbleu les Blancs sont de grands guerriers
hosannah pour le maître et pour le châtre-nègre !
Victoire ! Victoire, vous dis-je : les vaincus sont
contents !

Joyeuses puanteurs et chants de boue !

Par une inattendue et bienfaisante révolution intérieure, j'honore maintenant mes laideurs repoussantes.

A la Saint-Jean-Baptiste, dès que tombent les premières ombres sur le bourg du Gros-Morne, des centaines de maquignons se réunissent dans la rue « De Profundis »,

dont le nom a du moins la franchise d'avertir d'une ruée des bas-fonds de la Mort. Et c'est de la Mort véritablement, de ses mille mesquines formes locales (fringales inassouvies d'herbe de Para et rond asservissement des distilleries) que surgit vers la grand'vie déclose l'étonnante cavalerie des rosses impétueuses. Et quels galops ! quels hennissements ! quelles sincères urines ! quelles fientes mirobolantes ! « un beau cheval difficile au montoir ! » — « Une altière jument sensible à la molette ! » — « Un intrépide poulain vaillamment jointé ! »

Et le malin compère dont le gilet se barre d'une fière chaîne de montre, refile au lieu de pleines mamelles, d'ardeurs juvéniles, de rotondités authentiques, ou les boursouflures régulières de guêpes complaisantes, ou les obscènes morsures du gingembre, ou la bienfaisante circulation d'un décalitre d'eau sucrée.

Je refuse de me donner mes boursouflures comme d'authentiques gloires.

Et je ris de mes anciennes imaginations puériles.

Non, nous n'avons jamais été amazones du roi du Dahomey, ni princes de Ghana avec huit cents chameaux, ni docteurs à Tombouctou Askia le Grand étant roi, ni architectes de Djenné, ni Mahdis, ni guerriers. Nous ne nous sentons pas sous l'aisselle la démangeaison de ceux qui tinrent jadis la lance. Et puique j'ai juré de ne rien celer de notre histoire (moi qui n'admire rien tant que le mouton broutant son ombre d'après-midi), je veux avouer que nous fûmes de tout temps d'assez piètres laveurs de vaisselle, des cireurs de chaussures sans envergure, mettons les choses au mieux, d'assez consciencieux sorciers et le seul indiscutable record que nous ayons battu est celui d'endurance à la chicotte...

Et ce pays cria pendant des siècles que nous sommes des bêtes brutes; que les pulsations de l'humanité s'arrêtent aux portes de la négrerie; que nous sommes un fumier ambulant hideusement prometteur de cannes tendres et de coton soyeux et l'on nous marquait au fer rouge et nous dormions dans nos excréments et l'on nous vendait sur les

places et l'aune de drap anglais et la viande salée
d'Irlande coûtaient moins cher que nous, et ce pays
était calme, tranquille, disant que l'esprit de Dieu
était dans ses actes.

Nous vomissure de négrier
Nous vénerie des Calebars
quoi ? Se boucher les oreilles ?
Nous, soûlés à crever de roulis, de risées, de brume
humée !
Pardon tourbillon partenaire !

J'entends de la cale monter les malédictions
enchaînées, les hoquettements des mourants, le bruit
d'un qu'on jette à la mer... les abois d'une femme en
gésine... des raclements d'ongles cherchant des
gorges... des ricanements de fouet... des farfouillis
de vermine parmi des lassitudes...

Rien ne put nous insurger jamais vers quelque noble
aventure désespérée.
Ainsi soit-il. Ainsi soit-il.
Je ne suis d'aucune nationalité prévue par les
chancelleries
Je défie le craniomètre. Homo sum etc.
Et qu'ils servent et trahissent et meurent
Ainsi soit-il. Ainsi soit-il. C'était écrit dans la forme
de leur bassin.

Et moi, et moi,
moi qui chantais le poing dur
Il faut savoir jusqu'où je poussai la lâcheté.
Un soir dans un tramway en face de moi, un nègre.
C'était un nègre grand comme un pongo qui essayait de se faire tout petit sur un banc de tramway. Il essayait d'abandonner sur ce banc crasseux de tramway ses jambes gigantesques et ses mains tremblantes de boxeur affamé. Et tout l'avait laissé, le laissait. Son nez qui semblait une péninsule en dérade et sa négritude même qui se décolorait sous l'action d'une inlassable mégie. Et le mégissier était la Misère. Un gros oreillard subit dont les coups de griffes sur ce visage s'étaient cicatrisés en îlots scabieux. Ou plutôt, c'était un ouvrier infatigable, la Misère, travaillant à quelque cartouche hideux. On voyait très bien comment le pouce industrieux et malveillant avait modelé le front en bosse, percé le nez de deux tunnels parallèles et inquiétants, allongé la démesure de la lippe, et par un chef-d'œuvre caricatural, raboté, poli, verni la plus minuscule mignonne petite oreille de la création.
C'était un nègre dégingandé sans rythme ni mesure.
Un nègre dont les yeux roulaient une lassitude sanguinolente.
Un nègre sans pudeur et ses orteils ricanaient de

40

façon assez puante au fond de la tanière entrebâillée de ses souliers.

La misère, on ne pouvait pas dire, s'était donné un mal fou pour l'achever. Elle avait creusé l'orbite, l'avait fardée d'un fard de poussière et de chassie mêlées. Elle avait tendu l'espace vide entre l'accrochement solide des mâchoires et les pommettes d'une vieille joue décatie. Elle avait planté dessus les petits pieux luisants d'une barbe de plusieurs jours. Elle avait affolé le cœur, voûté le dos.

Et l'ensemble faisait parfaitement un nègre hideux, un nègre grognon, un nègre mélancolique, un nègre affalé, ses mains réunies en prière sur un bâton noueux. Un nègre enseveli dans une vieille veste élimée. Un nègre comique et laid et des femmes derrière moi ricanaient en le regardant.

Il était COMIQUE ET LAID,
COMIQUE ET LAID pour sûr.
J'arborai un grand sourire complice...
Ma lâcheté retrouvée!
Je salue les trois siècles qui soutiennent mes droits civiques et mon sang minimisé.
Mon héroïsme, quelle farce!
Cette ville est à ma taille.
Et mon âme est couchée. Comme cette ville dans la crasse et dans la boue couchée.

Cette ville, ma face de boue.

Je réclame pour ma face la louange éclatante du crachat !...

Alors, nous étant tels, à nous l'élan viril, le genou vainqueur, les plaines à grosses mottes de l'avenir ? Tiens, je préfère avouer que j'ai généreusement déliré, mon cœur dans ma cervelle ainsi qu'un genou ivre.

Mon étoile maintenant, le menfenil funèbre.

Et sur ce rêve ancien mes cruautés cannibales :

(Les balles dans la bouche salive épaisse
notre cœur de quotidienne bassesse éclate
les continents rompent la frêle attache des isthmes
des terres sautent suivant la division fatale des fleuves
et le morne qui depuis des siècles retient son cri au
dedans de lui-même, c'est lui qui à son tour écartèle
le silence
et ce peuple vaillance rebondissante
et nos membres vainement disjoints par les plus
raffinés supplices
et la vie plus impétueuse jaillissant de ce fumier —
comme le corossolier imprévu parmi la décomposi-
tion des fruits du jacquier !)

Sur ce rêve vieux en moi mes cruautés cannibales

Je me cachais derrière une vanité stupide le destin
m'appelait j'étais caché derrière et voici l'homme par
terre, sa très fragile défense dispersée,
ses maximes sacrées foulées aux pieds, ses déclama-
tions pédantesques rendant du vent par chaque
blessure.
voici l'homme par terre
et son âme est comme nue
et le destin triomphe qui contemple se muer
en l'ancestral bourbier cette âme qui le défiait.

Je dis que cela est bien ainsi.
Mon dos exploitera victorieusement la chalasie des
fibres.
Je pavoiserai de reconnaissance mon obséquiosité
naturelle
Et rendra des points à mon enthousiasme le
boniment galonné d'argent du postillon de la
Havane, lyrique babouin entremetteur des splen-
deurs de la servitude.

Je dis que cela est bien ainsi.
Je vis pour le plus plat de mon âme.
Pour le plus terne de ma chair !

Tiède petit matin de chaleur et de peur ancestrales
je tremble maintenant du commun tremblement que
notre sang docile chante dans le madrépore.

Et ces têtards en moi éclos de mon ascendance
prodigieuse !
Ceux qui n'ont inventé ni la poudre ni la boussole
ceux qui n'ont jamais su dompter la vapeur ni
l'électricité
ceux qui n'ont exploré ni les mers ni le ciel
mais ils savent en ses moindres recoins le pays de
souffrance
ceux qui n'ont connu de voyages que de déracine-
ments
ceux qui se sont assouplis aux agenouillements
ceux qu'on domestiqua et christianisa
ceux qu'on inocula d'abâtardissement
tam-tams de mains vides
tam-tams inanes de plaies sonores
tam-tams burlesques de trahison tabide

Tiède petit matin de chaleurs et de peurs ances-
trales
par-dessus bord mes richesses pérégrines
par-dessus bord mes faussetés authentiques
Mais quel étrange orgueil tout soudain m'illumine ?

44

vienne le colibri
vienne l'épervier
vienne le bris de l'horizon
vienne le cynocéphale
vienne le lotus porteur du monde
vienne de dauphins une insurrection perlière brisant
la coquille de la mer
vienne un plongeon d'îles
vienne la disparition des jours de chair morte dans la
chaux vive des rapaces
viennent les ovaires de l'eau où le futur agite ses
petites têtes
viennent les loups qui pâturent dans les orifices
sauvages du corps à l'heure où à l'auberge écliptique
se rencontrent ma lune et ton soleil

il y a sous la réserve de ma luette une bauge de
sangliers
il y a tes yeux qui sont sous la pierre grise du jour un
conglomérat frémissant de coccinelles

il y a dans le regard du désordre cette hirondelle de
menthe et de genêt qui fond pour toujours renaître
dans le raz-de-marée de ta lumière
(Calme et berce ô ma parole l'enfant qui ne sait pas
que la carte du printemps est toujours à refaire)

les herbes balanceront pour le bétail vaisseau doux de
l'espoir
le long geste d'alcool de la houle
les étoiles du chaton de leur bague jamais vue
couperont les tuyaux de l'orgue de verre du soir puis
répandront sur l'extrémité riche de ma fatigue
des zinnias
des coryanthes
et toi veuille astre de ton lumineux fondement tirer
lémurien du sperme insondable de l'homme la forme
non osée
que le ventre tremblant de la femme porte tel un
minerai !

ô lumière amicale
ô fraîche source de la lumière
ceux qui n'ont inventé ni la poudre ni la boussole
ceux qui n'ont jamais su dompter la vapeur ni
l'électricité
ceux qui n'ont exploré ni les mers ni le ciel
mais ceux sans qui la terre ne serait pas la terre
gibbosité d'autant plus bienfaisante que la terre
déserte
davantage la terre
silo où se préserve et mûrit ce que la terre a de plus
terre
ma négritude n'est pas une pierre, sa surdité ruée

contre la clameur du jour
ma négritude n'est pas une taie d'eau morte sur l'œil
mort de la terre
ma négritude n'est ni une tour ni une cathédrale

elle plonge dans la chair rouge du sol
elle plonge dans la chair ardente du ciel
elle troue l'accablement opaque de sa droite patience.

Eia pour le Kaïlcédrat royal !
Eia pour ceux qui n'ont jamais rien inventé
pour ceux qui n'ont jamais rien exploré
pour ceux qui n'ont jamais rien dompté

mais ils s'abandonnent, saisis, à l'essence de toute
chose
ignorants des surfaces mais saisis par le mouvement
de toute chose
insoucieux de dompter, mais jouant le jeu du monde

véritablement les fils aînés du monde
poreux à tous les souffles du monde
aire fraternelle de tous les souffles du monde
lit sans drain de toutes les eaux du monde
étincelle du feu sacré du monde
chair de la chair du monde palpitant du mouvement
même du monde !

Tiède petit matin de vertus ancestrales

Sang ! Sang ! tout notre sang ému par le cœur mâle du soleil
ceux qui savent la féminité de la lune au corps d'huile
l'exaltation réconciliée de l'antilope et de l'étoile
ceux dont la survie chemine en la germination de l'herbe !
Eia parfait cercle du monde et close concordance !

Ecoutez le monde blanc
horriblement las de son effort immense
ses articulations rebelles craquer sous les étoiles dures
ses raideurs d'acier bleu transperçant la chair mystique
écoute ses victoires proditoires trompeter ses défaites
écoute aux alibis grandioses son piètre trébuchement

Pitié pour nos vainqueurs omniscients et naïfs !

Eia pour ceux qui n'ont jamais rien inventé
pour ceux qui n'ont jamais rien exploré
pour ceux qui n'ont jamais rien dompté

Eia pour la joie
Eia pour l'amour

Eia pour la douleur aux pis de larmes réincarnées.

et voici au bout de ce petit matin ma prière virile
que je n'entende ni les rires ni les cris, les yeux fixés
sur cette ville que je prophétise, belle,
donnez-moi la foi sauvage du sorcier
donnez à mes mains puissance de modeler
donnez à mon âme la trempe de l'épée
je ne me dérobe point. Faites de ma tête une tête de
proue
et de moi-même, mon cœur, ne faites ni un père, ni
un frère,
ni un fils, mais le père, mais le frère, mais le fils,
ni un mari, mais l'amant de cet unique peuple.

Faites-moi rebelle à toute vanité, mais docile à son
génie
comme le poing à l'allongée du bras !
Faites-moi commissaire de son sang
faites-moi dépositaire de son ressentiment
faites de moi un homme de terminaison
faites de moi un homme d'initiation
faites de moi un homme de recueillement
mais faites aussi de moi un homme d'ensemencement

faites de moi l'exécuteur de ces œuvres hautes

voici le temps de se ceindre les reins comme un
vaillant homme —

Mais les faisant, mon cœur, préservez-moi de toute
haine
ne faites point de moi cet homme de haine pour qui
je n'ai que haine
car pour me cantonner en cette unique race
vous savez pourtant mon amour tyrannique
vous savez que ce n'est point par haine des autres
races
que je m'exige bêcheur de cette unique race
que ce que je veux
c'est pour la faim universelle
pour la soif universelle

la sommer libre enfin
de produire de son intimité close
la succulence des fruits.

Et voyez l'arbre de nos mains !
il tourne, pour tous, les blessures incises
en son tronc
pour tous le sol travaille
et griserie vers les branches de précipitation par-
fumée !

Mais avant d'aborder aux futurs vergers
donnez-moi de les mériter sur leur ceinture de mer
donnez-moi mon cœur en attendant le sol
donnez-moi sur l'océan stérile
mais où caresse la main la promesse de l'amure
donnez-moi sur cet océan divers
l'obstination de la fière pirogue
et sa vigueur marine.

La voici avancer par escalades et retombées sur le flot
pulvérisé
la voici danser la danse sacrée devant la grisaille du
bourg
la voici barir d'un lambi vertigineux
voici galoper le lambi jusqu'à l'indécision des mornes

et voici par vingt fois d'un labour vigoureux la pagaie
forcer l'eau
la pirogue se cabre sous l'assaut de la lame, dévie un
instant,
tente de fuir, mais la caresse rude de la pagaie la vire,
alors elle fonce, un frémissement parcourt l'échine de
la vague,
la mer bave et gronde
la pirogue comme un traîneau file sur le sable.

Au bout de ce petit matin, ma prière virile :

donnez-moi les muscles de cette pirogue sur la mer
démontée
et l'allégresse convaincante du lambi de la bonne
nouvelle !

Tenez je ne suis plus qu'un homme, aucune
dégradation, aucun crachat ne le conturbe,
je ne suis plus qu'un homme qui accepte n'ayant plus
de colère
(il n'a plus dans le cœur que de l'amour immense, et
qui brûle)

J'accepte... j'accepte... entièrement, sans réserve...
ma race qu'aucune ablution d'hysope et de lys mêlés
ne pourrait purifier
ma race rongée de macules
ma race raisin mûr pour pieds ivres
ma reine des crachats et des lèpres
ma reine des fouets et des scrofules
ma reine des squasmes et des chloasmes
(oh ces reines que j'aimais jadis aux jardins printa-
niers et lointains avec derrière l'illumination de
toutes les bougies de marronniers !).
J'accepte. J'accepte.
et le nègre fustigé qui dit : « Pardon mon maître »
et les vingt-neuf coups de fouet légal
et le cachot de quatre pieds de haut

et le carcan à branches
et le jarret coupé à mon audace marronne
et la fleur de lys qui flue du fer rouge sur le gras de
mon épaule
et la niche de Monsieur Vaultier Mayencourt, où
j'aboyai six mois de caniche
et Monsieur Brafin
et Monsieur de Fourniol
et Monsieur de la Mahaudière
et le pian
le molosse
le suicide
la promiscuité
le brodequin
le cep
le chevalet
la cippe
le frontal

Tenez, suis-je assez humble ? Ai-je assez de cals
aux genoux ? De muscles aux reins ?
Ramper dans les boues. S'arc-bouter dans le gras
de la boue. Porter.
Sol de boue. Horizon de boue. Ciel de boue.
Morts de boue, ô noms à réchauffer dans la paume
d'un souffle fiévreux !

53

Siméon Piquine, qui ne s'était jamais connu ni père
ni mère ; qu'aucune mairie n'avait jamais connu et
qui toute une vie s'en était allé — cherchant son nom

Grandvorka — celui-là je sais seulement qu'il est
mort, broyé par un soir de récolte, c'était paraît-il
son travail de jeter du sable sous les roues de la
locomotive en marche, pour lui permettre, aux
mauvais endroits, d'avancer.

Michel qui m'écrivait signant d'un nom étrange.
Michel Deveine adresse *Quartier Abandonné* et vous
leurs frères vivants
Exélie Vêté Congolo Lemké Boussolongo quel
guérisseur de ses lèvres épaisses
sucerait tout au fond de la plaie béante le tenace
secret du venin ?

quel précautionneux sorcier déferait à vos chevilles la
tiédeur visqueuse des mortels anneaux ?

Présences je ne ferai pas avec le monde ma paix sur
votre dos.

Iles cicatrices des eaux
Iles évidences de blessures

Iles miettes
Iles informes

Iles mauvais papier déchiré sur les eaux
Iles tronçons côte à côte fichés sur l'épée flambée du
Soleil

Raison rétive tu ne m'empêcheras pas de lancer
absurde sur les eaux au gré des courants de ma soif
votre forme, îles difformes,
votre fin, mon défi.

Iles annelées, unique carêne belle
Et je te caresse de mes mains d'océan. Et je te vire
de mes paroles alizées. Et je te lèche de mes langues
d'algues.
Et je te cingle hors-flibuste

O mort ton palud pâteux!
Naufrage ton enfer de débris! j'accepte!

Au bout du petit matin, flaques perdues, parfums
errants, ouragans échoués, coques démâtées, vieilles
plaies, os pourris, buées, volcans enchaînés, morts
mal racinés, crier amer. J'accepte!

Et mon originale géographie aussi; la carte du

monde faite à mon usage, non pas teinte aux arbitraires couleurs des savants, mais à la géométrie de mon sang répandu, j'accepte

et la détermination de ma biologie, non prisonnière d'un angle facial, d'une forme de cheveux, d'un nez suffisamment aplati, d'un teint suffisamment mélanien, et la négritude, non plus un indice céphalique, ou un plasma, ou un soma, mais mesurée au compas de la souffrance

et le nègre chaque jour plus bas, plus lâche, plus stérile, moins profond, plus répandu au dehors, plus séparé de soi-même, plus rusé avec soi-même, moins immédiat avec soi-même,

j'accepte, j'accepte tout cela

et loin de la mer de palais qui déferle sous la syzygie suppurante des ampoules, merveilleusement couché le corps de mon pays dans le désespoir de mes bras, ses os ébranlés et, dans ses veines, le sang qui hésite comme la goutte de lait végétal à la pointe blessée du bulbe...

Et voici soudain que force et vie m'assaillent comme un taureau et l'onde de vie circonvient la papille du morne, et voilà toutes les veines et veinules qui s'affairent au sang neuf et l'énorme poumon des cyclones qui respire et le feu thésaurisé des volcans et le gigantesque pouls sismique qui bat maintenant la mesure d'un corps vivant en mon ferme embrasement.

Et nous sommes debout maintenant, mon pays et moi, les cheveux dans le vent, ma main petite maintenant dans son poing énorme et la force n'est pas en nous, mais au-dessus de nous, dans une voix qui vrille la nuit et l'audience comme la pénétrance d'une guêpe apocalyptique. Et la voix prononce que l'Europe nous a pendant des siècles gavés de mensonges et gonflés de pestilences,
car il n'est point vrai que l'œuvre de l'homme est finie
que nous n'avons rien à faire au monde
que nous parasitons le monde
qu'il suffit que nous nous mettions au pas du monde
mais l'œuvre de l'homme vient seulement de commencer
et il reste à l'homme à conquérir toute interdiction immobilisée aux coins de sa ferveur
et aucune race ne possède le monopole de la beauté, de l'intelligence, de la force
et il est place pour tous au rendez-vous de la

conquête et nous savons maintenant que le soleil tourne autour de notre terre éclairant la parcelle qu'à fixée notre volonté seule et que toute étoile chute de ciel en terre à notre commandement sans limite.

Je tiens maintenant le sens de l'ordalie : mon pays est la « lance de nuit » de mes ancêtres Bambaras. Elle se ratatine et sa pointe fuit désespérément vers le manche si c'est de sang de poulet qu'on l'arrose et elle dit que c'est du sang d'homme qu'il faut à son tempérament, de la graisse, du foie, du cœur d'homme, non du sang de poulet.

Et je cherche pour mon pays non des cœurs de datte, mais des cœurs d'homme qui c'est pour entrer aux villes d'argent par la grand'porte trapézoïdale, qu'ils battent le sang viril, et mes yeux balayent mes kilomètres carrés de terre paternelle et je dénombre les plaies avec une sorte d'allégresse et je les entasse l'une sur l'autre comme rares espèces, et mon compte s'allonge toujours d'imprévus monnayages de la bassesse.

Et voici ceux qui ne se consolent point de n'être pas faits à la ressemblance de Dieu mais du diable, ceux qui considèrent que l'on est nègre comme commis de seconde classe : en attendant mieux et avec possibilité de monter plus haut ; ceux qui battent la chamade devant soi-même, ceux qui vivent dans un cul de basse fosse de soi-même ; ceux qui se drapent de pseudomorphose fière ; ceux qui disent à l'Europe : « Voyez, je sais comme vous faire des courbettes, comme vous présenter mes hommages, en somme, je ne suis pas différent de vous ; ne faites pas attention à ma peau noire : c'est le soleil qui m'a brûlé ».

Et il y a le maquereau nègre, l'askari nègre, et tous les zèbres se secouent à leur manière pour faire tomber leurs zébrures en une rosée de lait frais.

Et au milieu de tout cela je dis hurrah ! mon grand-père meurt, je dis hurrah ! la vieille négritude progressivement se cadavérise.
Il n'y a pas à dire : c'était un bon nègre.

Les Blancs disent que c'était un bon nègre, un vrai bon nègre, le bon nègre à son bon maître.
Je dis hurrah !
C'était un très bon nègre,
la misère lui avait blessé poitrine et dos et on avait fourré dans sa pauvre cervelle qu'une fatalité pesait sur lui qu'on ne prend pas au collet ; qu'il n'avait pas puissance sur son propre destin ; qu'un Seigneur méchant avait de toute éternité écrit des lois

d'interdiction en sa nature pelvienne ; et d'être le bon nègre ; de croire honnêtement à son indignité, sans curiosité perverse de vérifier jamais les hiéroglyphes fatidiques.

C'était un très bon nègre

et il ne lui venait pas à l'idée qu'il pourrait houer, fouir, couper tout, tout autre chose vraiment que la canne insipide

C'était un très bon nègre.

Et on lui jetait des pierres, des bouts de ferraille, des tessons de bouteille, mais ni ces pierres, ni cette ferraille, ni ces bouteilles...
O quiètes années de Dieu sur cette motte terraquée !

et le fouet disputa au bombillement des mouches la rosée sucrée de nos plaies.

Je dis hurrah ! La vieille négritude progressivement se cadavérise l'horizon se défait, recule et s'élargit et voici parmi des déchirements de nuages la fulgurance d'un signe

le négrier craque de toute part... Son ventre se
convulse et résonne... L'affreux ténia de sa cargaison
ronge les boyaux fétides de l'étrange nourrisson des
mers !
Et ni l'allégresse des voiles gonflées comme une
poche de doublons rebondie, ni les tours joués à la
sottise dangereuse des frégates policières ne l'empê-
chent d'entendre la menace de ses grondements
intestins

En vain pour s'en distraire le capitaine pend à sa
grand'vergue le nègre le plus braillard ou le jette à la
mer, ou le livre à l'appétit de ses molosses

La négraille aux senteurs d'oignon frit retrouve dans
son sang répandu le goût amer de la liberté

Et elle est debout la négraille

la négraille assise
inattendument debout
debout dans la cale
debout dans les cabines
debout sur le pont
debout dans le vent
debout sous le soleil
debout dans le sang

            debout
                et
                    libre
debout et non point pauvre folle dans sa liberté et
son dénuement maritimes girant en la dérive parfaite
et la voici :
plus inattendument debout
debout dans les cordages
debout à la barre
debout à la boussole
debout à la carte
debout sous les étoiles

            debout
                et
                    libre

et le navire lustral s'avancer impavide sur les eaux
écroulées.

Et maintenant pourrissent nos flocs d'ignominie !
par la mer cliquetante de midi
par le soleil bourgeonnant de minuit

écoute épervier qui tiens les clefs de l'orient
par le jour désarmé
par le jet de pierre de la pluie

écoute squale qui veille sur l'occident

écoutez chien blanc du nord, serpent noir du midi
qui achevez le ceinturon du ciel
Il y a encore une mer à traverser
oh encore une mer à traverser
pour que j'invente mes poumons
pour que le prince se taise
pour que la reine me baise
encore un vieillard à assassiner
un fou à délivrer
pour que mon âme luise aboie luise
aboie aboie aboie
et que hulule la chouette mon bel ange curieux.
Le maître des rires?
Le maître du silence formidable?
Le maître de l'espoir et du désespoir?
Le maître de la paresse? Le maître des danses?
C'est moi!

et pour ce, Seigneur
les hommes au cou frêle
reçois et perçois fatal calme triangulaire

Et à moi mes danses
mes danses de mauvais nègre
à moi mes danses

la danse brise-carcan
la danse saute-prison
la danse il-est-beau-et-bon-et-légitime-d'être-nègre
A moi mes danses et saute le soleil sur la raquette
de mes mains
mais non l'inégal soleil ne me suffit plus
enroule-toi, vent, autour de ma nouvelle croissance
pose-toi sur mes doigts mesurés
je te livre ma conscience et son rythme de chair
je te livre les feux où brasille ma faiblesse
je te livre le chain-gang
je te livre le marais
je te livre l'intourist du circuit triangulaire
dévore vent
je te livre mes paroles abruptes
dévore et enroule-toi
et t'enroulant embrasse-moi d'un plus vaste frisson
embrasse-moi jusqu'au nous furieux
embrasse, embrasse NOUS
mais nous ayant également mordus
jusqu'au sang de notre sang mordus !
embrasse, ma pureté ne se lie qu'à ta pureté
mais alors embrasse
comme un champ de justes filaos
le soir
nos multicolores puretés
et lie, lie-moi sans remords

lie-moi de tes vastes bras à l'argile lumineuse
lie ma noire vibration au nombril même du monde
lie, lie-moi, fraternité âpre
puis, m'étranglant de ton lasso d'étoiles
monte, Colombe
monte
monte
monte
Je te suis, imprimée en mon ancestrale cornée
blanche.
monte lécheur de ciel
et le grand trou noir où je voulais me noyer l'autre
lune
c'est là que je veux pêcher maintenant la langue
maléfique de la nuit en son immobile verrition !

Annexes

Le poème d'Aimé Césaire « En guise de manifeste littéraire »
a été publié en avril 1942, dans le N° 5 de la revue *Tropiques*,
qu'il anima — avec entre autres René Ménil et Suzanne
Césaire — entre 1940 et 1943, pendant la période de
l'occupation de la Martinique et de la Guadeloupe par les
forces pétainistes. Ce poème constitue une variation à partir
du *Cahier d'un retour au pays natal*, entre la première
version parue dans la revue *Volontés* en 1939, et la version
complète publiée chez Bordas en 1947. Son importance est
capitale pour la compréhension de la genèse du *Cahier...*, et
de l'élaboration de la poétique de Césaire et de la génération
de *Tropiques*. Il est dédié à André Breton, qui, à l'occasion
d'une escale à Fort-de-France sur le chemin de New York,
venait d'entrer en relation avec Césaire et Ménil, dans des
circonstances politiques et littéraires qu'il a rappelées dans sa
préface à l'édition de 1947 du *Cahier...*, reproduite ci-après.

En guise de manifeste littéraire [1]

à André Breton

Inutile de durcir sur notre passage, plus butyreuses que des lunes, vos faces de tréponème pâle

Inutile d'apitoyer pour nous l'indécence de vos sourires de kystes suppurants

Flics et flicaillons
Verbalisez la grande trahison loufoque, le grand défi mabraque et l'impulsion satanique et l'insolente dérive nostalgique de lunes rousses, de feux verts, de fièvres jaunes...

Parce que nous vous haïssons, vous et votre raison, nous nous réclamons de la démence précoce, de la folie flambante, du cannibalisme tenace.

---

1. Cf. : pages 27 à 34 de cette édition.

Comptons :
la folie qui se souvient
la folie qui hurle
la folie qui voit,
la folie qui se déchaîne.

Assez de ce goût de cadavre fade !

Ni naufrageurs. Ni nettoyeurs de tranchée. Ni hyènes. Ni
chacals. Et vous savez le reste :

Que 2 et 2 font 5
Que la forêt miaule
Que l'arbre tire les marrons du feu
Que le ciel se lisse la barbe
Et cetera, et cetera...

Qui et quels nous sommes ? Admirable question !
Haïsseurs. Bâtisseurs. Traîtres. Hougans. Hougans sur-
tout. Car nous voulons tous les démons
Ceux d'hier, ceux d'aujourd'hui
Ceux du carcan ceux de la houe
Ceux de l'interdiction, de la prohibition, du marronnage

et nous n'avons garde d'oublier ceux du négrier...
Donc nous chantons.

Nous chantons les fleurs vénéneuses éclatant dans des
prairies furibondes ; les ciels d'amour coupés d'embolie ; les

70

matins épileptiques; le blanc embrasement des sables
abyssaux, les descentes d'épaves dans les nuits foudroyées
d'odeurs fauves.

Qu'y puis-je?

Il faut bien commencer.

Commencer quoi?

La seule chose du monde qu'il vaille la peine de
commencer.

La Fin du monde, *parbleu!*

Tourte
ô tourte de l'effroyable automne
où poussent l'acier neuf et le béton vivace
tourte ô tourte
où l'air se rouille en grandes plaques d'allégresse mauvaise
où l'eau sanieuse balafre les grandes joues solaires

je vous hais.

Le moulin lent broie la canne
le bœuf trop lent n'avale pas le moulin

Est-ce suffisamment absurde?

Les pieds nus se plantent dans l'asphalte
l'asphalte trop doux n'allume pas en pinède
la forêt des pieds nus.

En vérité, c'est à n'y rien comprendre.

On voit encore des madras aux reins des femmes, des
anneaux à leurs oreilles, des sourires à leur bouche, des
enfants à leur mamelle, et j'en passe :
ASSEZ DE CE SCANDALE !

Alors voilà les cavaliers de l'Apocalypse.

Alors voilà sans pompe les entrepreneurs de pompes
funèbres

sans jugement les hommes du jugement dernier.

En vain dans la tiédeur de votre gorge mûrissez-vous
vingt fois la même pauvre consolation, que nous sommes
des marmonneurs de mots.

En vain : quand passe dans le ciel floche
la fulgurante sentence poétique,
ô niais
votre fébrile sidération et vos occlusions d'yeux, et vos
paralysies
et vos contractures
et vos pouls en galop

vous ont lumineusement démentis !

Des mots ! quand nous manions des quartiers de ce monde,
quand nous épousons des continents en délire, quand nous
forçons de fumantes portes, des mots ! ah oui, des mots,
mais des mots de sang frais, des mots qui sont des raz de
marée et des érésipèles et des paludismes, et des laves, et
des feux de brousse, et des flambées de chair, et des
flambées de villes...

Sachez-le bien :

je ne joue jamais si ce n'est à l'an mil

je ne joue jamais si ce n'est à la Grande Peur

Accommodez-vous de moi. Je ne m'accommode pas de
vous.

Parfois on me voit d'un grand geste du cerveau, happer un
nuage trop rouge, ou une caresse de pluie, ou un prélude
du vent,

ne vous tranquillisez pas outre mesure :

Je force la membrane vitelline qui me sépare de
moi-même,
Je force les grandes eaux qui me ceinturent de sang

C'est moi, rien que moi qui arrête ma place sur le dernier
train de la dernière vague du dernier raz de marée,

C'est moi, rien que moi

qui prends langue avec la dernière angoisse

C'est moi, oh! rien que moi

qui m'assure au chalumeau

les premières gouttes de lait virginal!

Vous avez parfois rencontré sous la lune, efflanqué, un
grand aboi de chien maraudeur.
Il n'y a pas eu d'avertissement des ions de la lumière
cendrée, mais simplement un grand flairement, et un
grand feulement s'est durci dans l'épaisseur de l'air. Et
vous avez été soudainement pris dans un liquide filet de
redditions sommaires, de montées de fusées non éclai-
rantes, le feux de peloton, d'écoulements de styrax... Et
vous avez tremblé innénarrablement.

Donc notre enfer vous prendra au collet.
Notre enfer fera ployer vos maigres ossatures.
Vos grâces de tétras lyrure n'exorciseront rien.

Il suffit. Je ne vous aurai point oubliés.

Je suis un cadavre, yeux clos, qui tape du morse frénétique
sur le toit mince de la Mort

Je suis un cadavre qui exubère de la rive dormante de ses
membres un cri d'acier non confondu.

Vous
ô vous qui vous bouchez les oreilles
c'est à vous, c'est pour vous que je parle, pour vous qui
écartèlerez demain jusqu'aux larmes la paix paissante de
vos sourires,

pour vous qui un matin entasserez dans votre besace mes
mots et prendrez à l'heure où sommeillent les enfants de la
peur,

l'oblique chemin des fuites et des monstres.

André Breton

Un grand poète noir

(Préface à l'édition de 1947)

Avril 1941. Bloquant la vue une carcasse de navire, scellée de madrépores au sol de la plage et visitée par les vagues — du moins les petits enfants n'avaient pas rêvé mieux pour s'ébattre tout le long du jour — par sa fixité même ne laissait aucun répit à l'exaspération de ne pouvoir se déplacer qu'à pas comptés, dans l'intervalle de deux baïonnettes : le camp de concentration du Lazaret, en rade de Fort-de-France. Libéré au bout de quelques jours, avec quelle avidité ne m'étais-je pas jeté dans les rues, en quête de tout ce qu'elles pouvaient m'offrir de jamais perçu, l'éblouissement des marchés, les colibris dans les voix, les femmes que Paul Éluard, au retour d'un voyage autour du monde, m'avait dites plus belles que partout ailleurs. Bientôt pourtant une épave se précisait, menaçait d'occuper à nouveau tout le champ : cette ville elle-même ne tenait à rien, elle semblait privée de ses organes essentiels. Le commerce, tout en vitrines, y prenait un caractère théorique, inquiétant. Le mouvement était un peu plus lent qu'il n'eût fallu, le bruit trop clair comme à travers les choses échouées. Dans l'air fin le tintement continu, lointain, d'une cloche d'alarme.

C'est dans ces conditions qu'il m'advint, au hasard de l'achat d'un ruban pour ma fille, de feuilleter une publication exposée dans la mercerie où ce ruban était offert. Sous une présentation des plus modestes, c'était le premier numéro, qui venait de paraître à Fort-de-France, d'une revue intitulée *Tropiques*. Il va sans dire que, sachant jusqu'où l'on était allé depuis un an dans l'avilissement des idées et ayant éprouvé l'absence de tous ménagements qui caractérisait la réaction policière à la Martinique, j'abordais ce recueil avec une extrême prévention... Je n'en crus pas mes yeux : mais ce qui était dit là, c'était ce qu'il fallait dire, non seulement du mieux mais du plus haut qu'on pût le dire ! Toutes ces ombres grimaçantes se déchiraient, se dispersaient ; tous ces mensonges, toutes ces dérisions tombaient en loques : ainsi la voix de l'homme n'était en rien brisée, couverte, elle se redressait ici comme l'épi même de la lumière. *Aimé Césaire*, c'était le nom de celui qui parlait.

Je ne me défends pas d'en avoir conçu d'emblée quelqu'orgueil : ce qu'il exprimait ne m'était en rien étranger, les noms de poètes et d'auteurs cités m'en eussent, à eux seuls, été de sûrs garants, mais surtout l'accent de ces pages était de ceux qui ne trompent pas, qui attestent qu'un homme est engagé tout entier dans l'aventure et en même temps qu'il dispose de tous les moyens capables de fonder, non seulement sur le plan esthétique, mais encore sur le plan moral et social, que dis-je, de rendre nécessaire et inévitable son intervention. Les textes qui avoisinaient le sien me révélaient des êtres sensiblement orientés comme lui, dont la pensée faisait bien corps avec la sienne. En plein contraste avec ce qui, durant les mois précédents, s'était publié en France, et qui portait la marque du masochisme quand ce n'était pas celle de la servilité,

Tropiques continuait à creuser la route royale. « Nous sommes, proclamait Césaire, de ceux qui disent *non* à l'ombre. »

Cette terre qu'il montrait et qu'aidaient à reconnaître ses amis, mais oui, c'était aussi ma terre, c'était *notre* terre que j'avais pu craindre à tort de voir s'obscurcir. Et on le sentait soulevé et, avant même de prendre plus ample connaissance de son message, comment dire, on s'apercevait que, du plus simple au plus rare, tous les mots passés par sa langue étaient nus. D'où chez lui cette culmination dans le concret, cette qualité sans cesse *majeure* du ton qui permettent de distinguer si aisément les grands poètes des petits. Ce que j'appris ce jour-là, c'est que l'instrument verbal n'avait pas même été désaccordé dans la tourmente. Il fallait que le monde ne fût pas en perdition : la conscience lui reviendrait.

La mercière martiniquaise, par une de ces chances accessoires qui accusent les heures fortunées, ne devait pas tarder à se faire connaître pour la sœur de René Ménil, avec Césaire le principal animateur de *Tropiques*. Son entremise devait réduire au minimum l'acheminement des quelques mots que je griffonnai précipitamment sur son comptoir. Et en effet moins d'une heure plus tard, s'étant mise à ma recherche par les rues, elle m'indiquait de la part de son frère un rendez-vous. Ménil : la grande culture en ce qu'elle a de moins ostentatoire, la mesure impeccable mais en dépit d'elles aussi le nerf et toutes les ondes du frémissement.

Et, le lendemain, Césaire. Je retrouve ma première réaction tout élémentaire à le découvrir d'un noir si pur, d'autant plus masqué à première vue qu'il sourit. Par lui, je le sais déjà, je le vois et tout va me le confirmer par la suite, c'est la cuve humaine portée à son point de plus grand bouillonnement, où les connaissances, ici encore de l'ordre le plus élevé, interfèrent avec les dons magiques. Pour moi son apparition, je ne veux pas dire seulement ce jour-là, sous l'aspect qui est le sien, prend la valeur d'un *signe des temps*. Ainsi donc, défiant à lui seul une époque où l'on croit assister à l'abdication générale de l'esprit, où rien ne semble plus se créer qu'à dessein de parfaire le triomphe de la mort, où l'art même menace de se figer dans d'anciennes données, le premier souffle nouveau, revivifiant, apte à redonner toute confiance est l'apport d'un Noir. Et c'est un Noir qui manie la langue française comme il n'est pas aujourd'hui un Blanc pour la manier. Et c'est un Noir celui qui nous guide aujourd'hui dans l'inexploré, établissant au fur et à mesure, comme en se jouant, les contacts qui nous font avancer sur des étincelles. Et c'est un Noir qui est non seulement un Noir mais *tout* l'homme, qui en exprime toutes les interrogations, toutes les angoisses, tous les espoirs et toutes les extases et qui s'imposera de plus en plus à moi comme le prototype de la dignité.

Nos rencontres, le soir, dans un bar que la lumière extérieure faisait d'un seul cristal, à l'issue des cours qu'il donnait au lycée et qui prenaient alors pour thème l'œuvre de Rimbaud, les réunions sur la terrasse de sa maison qu'achevait d'enchanter la présence de Suzanne Césaire, belle comme la flamme du punch, mais plus encore une excursion au plus profond de l'île : je nous reverrai toujours de très haut penchés à nous perdre sur le gouffre d'Absalon comme sur la matérialisation même du creuset où s'élaborent les images poétiques quand elles sont de force à secouer les mondes, sans autre repère dans les remous d'une végétation forcenée que la grande fleur énigmatique du balisier qui est un triple cœur pantelant au bout d'une lance. C'est là et sous les auspices de cette fleur que la mission, assignée de nos jours à l'homme, de rompre violemment avec les modes de penser et de sentir qui l'ont mené à ne plus pouvoir supporter son existence m'est apparue vraiment sous sa forme imprescriptible. Qu'une fois pour toutes j'ai été confirmé dans l'idée que rien ne sera fait tant qu'un certain nombre de tabous ne seront pas levés, tant qu'on ne sera pas parvenu à éliminer du sang humain les mortelles toxines qu'y entretiennent la croyance — d'ailleurs de plus en plus paresseuse — à un au-delà, l'esprit de corps absurdement attaché aux nations et aux races et l'abjection suprême qui s'appelle le pouvoir de l'argent. Rien ne peut faire que ce ne soit aux poètes qu'ait été dévolu depuis un siècle de faire craquer cette armature qui nous étouffe et il est significatif d'observer que la postérité ne tend à consacrer que ceux qui ont été le plus loin dans cette tâche.

Cet après-midi-là, devant la fastueuse ouverture de toutes les écluses de verdure, j'éprouvai tout le prix de me sentir en si étroite communion avec l'un d'eux, de le savoir entre tous un être de volonté et de ne pas distinguer, en essence, sa volonté de la mienne.

De le tenir aussi, avec preuves à l'appui, pour un être de total accomplissement : quelques jours plus tôt il m'avait fait présent de son *Cahier d'un retour au pays natal*, en petit tirage à part d'une revue de Paris où le poème avait dû passer inaperçu en 1939, et ce poème n'était rien moins que le plus grand monument lyrique de ce temps. Il m'apportait la plus riche des certitudes, celle que l'on ne peut jamais attendre de soi seul : son auteur avait misé sur tout ce que j'avais jamais cru juste et, incontestablement, il avait gagné. L'enjeu, tout compte tenu du génie propre de Césaire, était notre conception commune de la vie.

Et d'abord on y reconnaîtra ce mouvement entre tous abondant, cette exubérance dans le jet et dans la gerbe, cette faculté d'alerter sans cesse de fond en comble le monde émotionnel jusqu'à le mettre sens dessus dessous qui caractérisent la poésie authentique par opposition à la fausse poésie, à la

81

poésie simulée, d'espèce vénéneuse, qui prolifère constamment autour d'elle. *Chanter ou ne pas chanter,* voilà la question et il ne saurait être de salut dans la poésie pour qui ne *chante* pas, bien qu'il faille demander au poète *plus* que de chanter. Et je n'ai pas besoin de dire que, de la part de qui ne chante pas, le recours à la rime, au mètre fixe et autre pacotille ne saurait jamais abuser que les oreilles de Midas. Aimé Césaire est avant tout celui qui chante.

Passé outre à cette première condition, absolument nécessaire et non suffisante, la poésie digne de ce nom s'évalue au degré d'abstention, de *refus* qu'elle suppose et ce côté négateur de sa nature exige d'être tenu pour constitutif : elle répugne à laisser passer tout ce qui peut être déjà vu, entendu, convenu, à se servir de ce qui a servi, si ce n'est en le détournant de son usage préalable. Césaire est à cet égard des plus *difficiles* et cela non seulement parce qu'il est la probité même mais encore dans la mesure où son savoir est plus étendu, où il est à la fois des mieux et des plus largement informés.

Enfin — et ici, pour couper court à toute équivoque tenant à ce que, par exception, *Cahier d'un retour* est un poème « à sujet », sinon « à thèse », je précise que je m'en réfère non moins à ceux, d'un autre ordre, qui l'ont suivi —, la poésie de Césaire, comme toute grande poésie et tout grand art, vaut au plus haut point par le pouvoir de transmutation, qu'elle met en œuvre et qui consiste, à partir des matériaux les plus déconsidérés, parmi lesquels il faut compter les laideurs et les servitudes mêmes, à produire on sait assez que ce n'est plus l'or la pierre philosophale mais bien la liberté[1].

---

1. Pour en prendre le contre-pied, je n'ai pas attendu cette déclaration parue dans *Lettres françaises* (n° 7-8, février 1943) : « J'imagine d'abord la poésie comme une sorte d'écriture qui,

Le don du chant, la capacité de refus, le pouvoir de transmutation spéciale dont il vient de s'agir, il serait par trop vain de vouloir les ramener à un certain nombre de secrets techniques. Tout ce qu'on peut valablement en penser est que tous trois admettent un plus grand commun diviseur qui est l'intensité exceptionnelle de l'émotion devant le spectacle de la vie (entraînant l'impulsion à agir sur elle pour la changer) et qui demeure jusqu'à nouvel ordre irréductible. Tout au plus la critique est-elle autorisée à rendre compte de ce que peut offrir de plus heurté la formation de la personnalité en cause et à mettre en lumière les circonstances marquantes de cette formation. Il faut reconnaître qu'en ce qui concerne Aimé Césaire et *pour une fois* on sortira par là à grandes guides de l'indifférent.

Cahier d'un retour au pays natal est à cet égard un document unique, irremplaçable. A lui seul le titre tout effacé du poème tend à nous placer au cœur du conflit qui doit être le plus sensible à son auteur, du conflit que pour lui il est d'importance vitale de surmonter. En effet, ce poème, il l'écrit à Paris, alors qu'il vient de quitter l'École normale supérieure et qu'il s'apprête à revenir à la Martinique. Le pays natal, oui, comment en particulier résister à l'appel de cette île, comment ne pas

---

obéissant non seulement aux contraintes de la prose, mais encore à d'autres qui lui sont spéciales, nombre, rythme, rappel périodique de sons, doit pourtant la surpasser en pouvoirs... Je demande ainsi que la poésie possède toutes les qualités qu'on réclame de la prose, qui comprennent en premier lieu nudité, précision, clarté... Le poète doit vouloir exprimer tout et seulement ce qu'il désire. A l'extrême, point d'ineffable, point de suggestion, point d'images évocatrices, point de mystères... » Etc. Roger Caillois, souvent mieux inspiré, s'exprime ici en parfait philistin.

succomber à ses ciels, à son ondoiement de sirène, à son parler tout de cajolerie ? Mais aussitôt l'ombre gagne : il n'est que de se mettre à la place de Césaire pour comprendre à quels assauts cette nostalgie peut être en butte. Derrière ce ramage il y a la misère du peuple colonial, son exploitation éhontée par une poignée de parasites qui défient jusqu'aux lois du pays dont ils relèvent et n'éprouvent aucun trouble à en être le déshonneur, il y a la résignation de ce peuple qui géographiquement a contre lui d'être de loin en loin un semis sur la mer. Derrière cela encore, à peu de générations de distance il y a l'esclavage et ici la plaie se rouvre, elle se rouvre de toute la grandeur de l'Afrique perdue[2], du souvenir ancestral des abominables traitements subis, de la conscience d'un déni de justice monstrueux et à jamais irréparable dont toute une collectivité a été victime. Une collectivité à laquelle appartient corps et âme celui qui va partir, riche de tout ce que les Blancs pouvaient lui apprendre et à cet instant d'autant plus déchiré.

Il est normal que la revendication le dispute dans le *Cahier* à l'amertume, parfois au désespoir et aussi que l'auteur s'expose

---

2. Léo Frobenius, se référant aux observations des navigateurs européens de la fin du Moyen Age, écrit : « Lorsqu'ils arrivèrent dans la baie de Guinée et abordèrent à Vaïda, les capitaines furent étonnés de trouver des rues bien aménagées, bordées sur une longueur de plusieurs lieues par deux rangées d'arbres ; ils traversèrent pendant de longs jours une campagne couverte de champs magnifiques, habitée par des hommes vêtus de costumes éclatants dont ils avaient tissé l'étoffe eux-mêmes ! Plus au sud, dans le Royaume du Congo, une foule grouillante, habillée de « soie » et de « velours », de grands Etats bien ordonnés, et cela dans les moindres détails, des souverains puissants, des industries opulentes. Civilisés jusqu'à la moelle des os ! » (Cité dans *Tropiques,* n° 5, avril 1942).

aux plus dramatiques retours sur soi-même. Cette revendica-tion, on ne saurait trop faire observer qu'elle est la plus fondée du monde, si bien qu'eu égard au droit seul le Blanc devrait avoir à cœur de la voir aboutir. Mais on est par trop loin de compte, bien qu'on commence à la porter timidement à l'ordre du jour : « Dans les anciennes colonies, qui devront être soumises à un nouveau régime et dont l'évolution vers la liberté deviendra une matière internationale, la démocratie devra mettre un point final, non seulement à l'exploitation des peuples de couleur, mais au "racisme" social et politique de l'homme blanc [3]. » On attend avec la même impatience le jour où, hors de ces colonies, la grande masse des hommes de couleur cessera d'être tenue à distance outrageante et cantonnée dans les emplois pour le moins subalternes. Si cette attente était déçue par les règlements internationaux qui entreront en vigueur à l'issue de la guerre actuelle, force serait de se ranger définitivement, avec toutes les implications que cela comporte, à l'opinion que l'émancipation des peuples de couleur ne peut être que l'œuvre de ces peuples eux-mêmes.

Mais ce serait réduire impardonnablement la portée de l'intervention de Césaire que de vouloir s'en tenir, si foncier qu'il apparaisse, à ce côté immédiat de sa revendication. Ce qui à mes yeux rend cette dernière sans prix, c'est qu'elle transcende à tout instant l'angoisse qui s'attache, pour un Noir, au sort des Noirs dans la société moderne et que, ne faisant plus qu'une avec celle de tous les poètes, de tous les artistes, de tous les penseurs qualifiés mais lui fournissant l'appoint du génie

---

3. Pierre Cot : les différents types de constitutions démocratiques (*Le Monde libre* n° 2, décembre 1943).

verbal, elle embrasse en tout ce que celle-ci peut avoir d'intolérable et aussi d'infiniment amendable la condition plus généralement faite à *l'homme* par cette société. Et ici s'inscrit en caractères dominants ce dont le surréalisme a toujours fait le premier article de son programme : la volonté bien arrêtée de porter le coup de grâce au prétendu «bon sens», dont l'impudence a été jusqu'à s'arroger le titre de «raison», le besoin impérieux d'en finir avec cette dissociation mortelle de l'esprit humain dont une des parties composantes est parvenue à s'accorder toute licence aux dépens de l'autre et d'ailleurs ne pourra manquer d'exalter celle-ci à force d'avoir voulu la frustrer. Si les négriers ont physiquement disparu de la scène du monde, on peut s'assurer qu'en revanche ils sévissent dans l'esprit où leur «bois d'ébène» ce sont nos rêves, c'est plus de la moitié spoliée de notre nature, c'est cette cargaison hâtive qu'il est encore trop bon d'envoyer croupir à fond de cale. «Parce que nous vous haïssons, vous et votre raison, nous nous réclamons de la démence précoce, de la folie flambante, du cannibalisme tenace... Accommodez-vous de moi. Je ne m'accommode pas de vous». Et soudain ce regard transfigurant, le duvet bleu sur la braise, comme à la promesse d'une rédemption qui ne soit plus fallacieuse : vient de passer celui que Césaire et moi tenons pour le grand prophète des temps à venir, je dis Isidore Ducasse, comte de Lautréamont : «*La poésie de Lautréamont, belle comme un décret d'expropriation...* Il entasse en jonchées lyriques et pâles — comme chutent dans la gangrène du soir les doigts du poirier tropical — les trompettes de mort de comique philosophie qui élèvent à la dignité de merveille d'un univers hiérarchisé, l'homme, pieds, mains et nombril — gueulée de poings nus contre le barrage du ciel... Le premier à avoir compris que la poésie commence avec l'excès, la démesure, les recherches frappées d'interdit, dans le grand tam-tam aveugle, jusqu'à l'incompréhensible pluie d'étoiles... [4] »

La parole d'Aimé Césaire, belle comme l'oxygène naissant.

André BRETON

New York, 1943.

---

4. Aimé Césaire : « Isidore Ducasse, comte de Lautréamont » (*Tropiques* n° 6-7, février 1943).

Les différentes versions parues
du « Cahier d'un retour au pays natal »

Cahier d'un retour au pays natal, in Revue *Volontés.*
Paris, août 1939.

Retorno al país natal. Edition en espagnol. Traduction de
Lydia Cabrera, préface de Benjamin Péret, illus-
trations de Wifredo Lam. La Havane, Cuba,
Editions Molina y Compania, 1943.

*Cahier d'un retour au pays natal/Memorandum on my
Martinique.* Edition bilingue. New York, Brenta-
no's, 1947.

Cahier d'un retour au pays natal. Préface de André
Breton, frontispice de Wifredo Lam. Paris, Bor-
das, 1947.

Cahier d'un retour au pays natal. Edition définitive.
Préface de Peter Guberina. Paris, Présence Afri-
caine, 1956.

Cahier d'un retour au pays natal. Traduction en espagnol
de l'édition de 1956, par Enrique Lihn. Introduc-

tion de René Depestre. In : *Aimé Césaire, Poésiàs.* La Havane, Cuba, Editions Casa de las Americas, 1969.

Cahier d'un retour au pays natal/Return to my native land. Edition bilingue de poche. Paris, Présence Africaine, 1971.

Cahier d'un retour au pays natal in *Œuvres complètes,* tome 1, Poésie. Fort-de-France, Martinique, Editions Désormeaux, 1976.

Cahier d'un retour au pays natal. Paris, Présence Africaine, 1983.

Œuvres d'Aimé Césaire

Cahier d'un retour au pays natal, poème, 1939, 1947, 1956.

Les Armes miraculeuses, poèmes, Gallimard, 1946.

Soleil cou coupé, poèmes, Editions K, 1948.

Corps perdu, poèmes (illustrations de Picasso), Editions Fragrance, 1949.

Discours sur le colonialisme, Présence Africaine, 1955.

Lettre à Maurice Thorez, Présence Africaine, 1956.

Et les chiens se taisaient, version théâtrale, Présence Africaine, 1956.

Ferrements, poèmes, Editions du Seuil, 1960.

Cadastre, poèmes, Editions du Seuil, 1961.

Toussaint Louverture, étude historique, Présence Africaine, 1962.

La tragédie du roi Christophe, théâtre, Présence Africaine, 1963.

Une saison au Congo, théâtre, Editions du Seuil, 1967.

Une tempête, théâtre, Editions du Seuil, 1969.

Œuvres complètes, poésie, théâtre, essais, Editions Désormeaux, 1976.

Moi, laminaire..., poèmes, Editions du Seuil, 1982.

Table

Le frontispice de Wifredo Lam a été réalisé pour l'édition Bordas de 1947.

Achevé d'imprimer par Corlet, Imprimeur, S.A.
14110 Condé-sur-Noireau (France)
N° d'Imprimeur : 6512 - Précédent dépôt : juillet 1994 - Dépôt légal : septembre 1994

Imprimé en C.E.E.